ГЛАДНИ ЧОВЕКА

ГЛАДНИ ЧОВЕКА

Иво Торбица

Globland Books

Теби који/а ово читаш желим да пребродиш све туге и немире, а потврдиш све вредности које носиш у себи.

Кроз стихове и речи у овој књизи поклањам ти своје искрене мисли, животна запажања и искуства, а било их је много у мом животу. Преко прозе и поезије сам покушао указати на све оно што је људима заједничко и специфично — од љубави до мржње, од правог до лажног, од туге до радости итд.

Писана реч и добра књига су ме увек интересовали и због тога сам пожелео имати своју.

Ово је моја прва књига и писана је чистог срца и душе. Надам се да неће бити и последња, јер још много тога имам да кажем. Мислим да ћеш се, готово сигурно, пронаћи у појединим деловима овог издања.

Аутор

Љубав је велика сила

Љубав — неисцрпан извор инспирације уметника. Љубав — најлепше осећање од постанка света. Љубав — неизмерно богатство, највећа радост, магична реч, разлог за живот, мотив за буђење у новом дану... Миленијумима опевавана, осликавана речима и кистом... И, ма колико о њој певали и писали, никад не можемо рећи све. Она је покретач света и сваког добра у њему. Због љубави падамо, због ње се и подижемо. Због љубави страдамо, због ње и живимо. Због љубави тугујемо, али се и радујемо. Љубав је поред живота највећи дар од Бога.

Љубав је једна велика сила
која људима даје крила
па онда мисле да је свет,
један диван, велики свет.

У књизи нашег младог писца много је немира, слутњи, зебњи... Много је љубави према човеку, али и жала због нечовештва. Суптилан, искрен, чистог срца, отвореног ума и душе и као такав много пута је рањаван. Иво, као да није од овога света. У њему је толико топлине и разумевања чак и за оне који га не разумеју. Лечи ране које му људи наносе, писањем о љубави. За њега је писање потреба и лек, начин да ублажи немире.

Задојен је љубављу у својој породици, научен да воли и да из родитељске љубави црпи енергију. Осетио је много љубави у школским данима од учитељице и другара, од свог родног Мостара. Са мало година, много тога је проживео и преживео и све то га је оснажило, отворило му видике без граница и дало му својеврсну животну мудрост. Препреке је претворио у изазове, а трновит пут прекрио цвећем.

Понекад је уморан, али не жели да клоне. Муче га раскршћа без путоказа и животи без смисла и вредности какве многи људи данашњице живе. Тиште га ситне људске душе неискрене и користољубиве. Зебњу му стварају они чија су пролећа увек хладна и сива. Ипак, он се не двоуми којим путем да настави. Изабрао је пут љубави и доброте. Својом поезијом позива људе на праштање, на буђење, на отварање, на љубав...

Када би љубави било више,
баш као траве после кише,
свет би био другачији,
много лепши, паметнији.

Запловимо са Ивом Торбицом у море љубави, напијмо се дијамантским капима са њеног извора, нахранимо се њеном непресушном лепотом. Нека ова књига буде подстрек сваком читаоцу, да живи љубав и ужива у љубавном бескрају!

Луција Тасић

Љубав покреће свет

ЉУБАВ ПОБЕЂУЈЕ

Љубав побеђује
ма колико битка била тешка.

Љубав побеђује
иако је можда то на почетку
борбе било немогуће.
Љубав је, поред осмеха,
најјаче оружје
и ње се држи
када ти је најтеже,
када те нападају,
када ти замке постављају.
Брани се осмехом,
попут највећег штита.
У тој борби не посустај
и држи се истине и љубави,
јер једно без другог не иду.

Љубав увек побеђује
јер без ње, не би нас било.

ЉУБАВ И УЛТИМАТУМ

Љубав се не купује.
Љубав и ултиматум не иду руку под руку.

Зашто бисмо дошли уопште у ситуацију
да бирамо између нечег,
посебно ако нисмо,
као што наш народ каже —
ни лук јели, ни лук мирисали?
Ни криви, ни дужни, треба да задобијемо
нечију љубав преко некаквог ултиматума?

Запитајмо се —
шта је то на шта пристајемо
и чега се то одричемо?
Да ли је то чега се одричемо
вредно да га се одрекнемо?

То чега се одричемо,
да ли је заслужило да га се одрекнемо,
иако нам ништа претходно није скривило
и да ли нам заиста то нешто толико смета
да бисмо га се одрекли?

Да ли је то на шта пристајемо
вредно да пристанемо на то?

Због чега мислимо да је вредније то

на шта пристајемо у односу на оно
чега се одричемо?
Може ли љубав без ултиматума,
иако знамо колико је то ретко?

Може ли љубав, да не одбацујемо оно
што није заслужило да се одбаци?

Може, јер

љубав се не купује,
љубав и ултиматум не иду руку под руку.

ОТВОРИ СЕ

Отвори се као цвет.
Замириши.
Јер си попут пупољка
и најлепше биљке.
Твоје латице нека красе
твоје тело, очи и бујну косу.

Отвори се
јер ме твоји цветови и опојни мириси
остављају без даха.

Отвори се
и цветовима најлепших боја замириши.
И загрли ово скамењено биће
које пред тобом стоји
задивљено и заљубљено,
као пред иконом.

ВОЛИ

Воли
Без изузетка,
Чистог срца,
Чисте душе,
Искрених намера.

Воли и буди вољен
Јер љубав лечи.

Воли
Јер је љубав покретач свега,
Јер смо без ње обична празнина и ништавило.

Воли
Јер не знаш за мржњу,
Јер си попут анђела
Који својим крилима и летом
Оставља без даха.

Воли
Јер не знаш за другачије.

ПРОБУДИ СЕ

Пробуди се.
Заспала си.
Заборавила си на себе.

Превише се другима дајеш,
а то заслужили нису.
Највише себи требаш,
а најмање њима,
јер те не желе пробудити,
јер им као таква „уснула" одговараш.
У том сну сви су ти важнији,
а понајмање си важна себи.
Када се пробудиш,
Око тебе неће бити никога,
Сем оних који те воле због тебе,
а не због својих интереса.
Схватићеш колико труда за друге —
Ни за шта!
И зато не губи време.

Пробуди се
и живи свој, а не туђи живот.

ПОКЛОНИ НАЈБОЉИ ДЕО СЕБЕ

Поклони најбољи део себе и то онима
којима је до тебе стало,
који су твоја подршка,
који су твоја инспирација.

Поклони им себе
јер ће те више ценити,
јер ће још више бити уз тебе,
јер ће те још више волети.

Не штеди се,
јер су и они поклонили теби
свој најбољи део,
а то су биће, срце и душа,
бескрајно слободно време,
као и све оно што су могли и имали.
А ти им узврати истом мером,
јер су то заслужили,
јер је љубав двосмерна.

Не буди шкрт у том давању,
јер љубав не иде уз интерес,
јер љубав не иде без емоција.

Љубав се поклања и узвраћа!

НЕ ДАЈ

Не дај да ти судбину кроје
Они који се и мрака боје.

Не падај на слатке речи
Јер твој пут је најпречи.

Не дозволи ћутања
Јер за тебе нису лутања.

Нуди љубав чистог срца
Да ти душа никада не грца.

Своје драге увек грли и воли
И никада их за љубав не моли.

Живи за сваки тренутак
Јер на крају пута остаје само белутак.

II

Кад ми дођеш ти

КАДА ПАДНЕШ

Када паднеш,
подигни се
и обриши своје лепо лице.

Ниси пала,
јер си то желела.

Ниси пала,
јер то волиш.

Ниси пала,
јер тако желе твоји вољени.

Пала си,
јер те спотичу.

Пала си,
јер неки те не желе јаку.
Канула си сузу,
јер често тражиш кривца у себи.
Клонула си,
јер на трен су ти се срушили снови, амбиције.

После пада буди
усправна, попут брезе,
лековита, попут жалфије,
лепа, попут најлепше руже у врту,

сјајна, као звезда Даница.

Нека ти пад
оснажи дух и амбиције.

Нека те пад
подстакне да будеш још бољи човек, јер
Неко падне и устане још јачи и снажнији!

Неко остане да се ваља у блату,
никада не уставши,
не подигнувши се,
са погледом према оној прашњавој земљи,
чија су зрнца на моменат прекрили
твоје лепо и невино лице,
док ће њихово упрљано прекривати цео век.

И запамти,

Када паднеш,
подигни се
и обриши то своје лепо лице.

КАДА СТАНЕ СВЕ(Т) ОКО ТЕБЕ

Када стане све око тебе
Ти се покрени,
Убрзај корак.
Не схваташ колико можеш
Јер тако мало треба за убрзање.

Када стане све око тебе
Буди никада одлучнија у тој одлуци.
Не схваташ колико си снажна,
Не схваташ колико си спремна да себе промениш.

У твоме срцу
Нема места застоју,
Нема места туговању.
Рођена си само за друговање
јер енергије имаш за два живота.

Не живиш да би пропадала
и застајала на првим кривинама.
Убрзај ход и не осврћи се.

Оно што је било, ти заборави,
Јер нећеш се радовати свему ономе
Што иде ка теби,
А иду радости,
Иде свет,
Неки нови,

Неки бољи.

Буди полетна,
Попут мелодије
Налик најлепшој игри.

Јер живот је најлепша музика.

Док се чују најлепше мелодије
Ти играј и не заустављај се у тој игри,
Ти певај и не заустави се у тој песми.

КАДА САЊАШ

Када сањаш
ни небо није граница,
а космос је тако мали.

Када сањаш,
све ти је на дохват руке
и најлепше боје су око тебе.

Када сањаш,
допиреш до дна најдубљег океана
и откриваш лепоте,
никада виђене,
никада лепше.

Када сањаш,
у неком си лепшем и миришљавијем свету,
свету без злобе,
свету без мржње,
свету лепшем од овог.

Када се пробудиш и тога више не буде било,
неке снове пробај да оствариш,
макар оне где љубав влада,
макар оне где радост цвета.

Труди се да их оствариш
и проживиш целом својом душом и телом,

макар оне најлепше, наизглед незамисливе,
јер једнога дана јаве, а ни снова
више бити неће...

КАДА НЕСТАНЕШ

Када нестанеш,
не буди ме,
Превише је незалечених рана
које подсећају на тугу и разна лутања.

Када нестанеш,
нестаће и мене,
Превише смо навикли једно на друго
да бих устајао.

Када нестанеш,
сузе и самоћа ће ми бити незвани гости,
Превише је лажних нада и обећања
да би била моја.

Када нестанеш,
не пиши,
не казуј где си.
А мени тебе и даље никада доста.

Када нестанеш,
љубићу и грлићу те,
макар у сновима,
јер само они сада осташе...

КАДА ТЕ ЛОМЕ

Када те ломе
ти дигни главу
и гледај право у џелата.
Сувише си јак да би те сломили,
сувише си поносан,
сувише си испред њих.

Зато те и ломе.
Ломе те јер
си за њих неосвојива кула,
ратник који брани
част,
понос,
знање,
све оно
Што је за друге недокучиво и непојмљиво.

Ломе те,
али те сломити не могу
јер зрачиш енергијом љубави.

Превише си велики залогај за њихова
прљава уста и душу,
црну попут црног и смрдљивог дима,
којим ће сами себе угушити.
Штеточине те гризу јер
си оно што они никада бити неће.

Гризу, уједају, кидају,
шта друго могу.
То су слабићи и кукавице,
али тврд си камен за њих
о ког ће се разбити, попут лего коцкица.

Иза њих остаје само траг
најгорег и најцрњег
и као такви нестају заувек у тами,
падајући у понор заборава.

Када те ломе
ти дигни главу
и гледај право у џелата!

III

Панта Реи

ПАНТА РЕИ

Живот је кратак и живи сваки дан тако,
као да ти је последњи.
Немамо времена да се нервирамо,
да се препуштамо негативним мислима,
јер је живот сувише кратак
да бисмо имали времена за нешто што је бескорисно.

Шта можемо променити тако што ћемо се нервирати?
Да ли можемо помоћи себи и другима
ако се беспотребно нервирамо?

— Не! Нећемо.

Дете које се роди,
већ је сутрадан један дан старије.
Не пролази време, већ ми.
Овоземаљски живот је дар
од наших родитеља и Бога.

С годинама смо старији.
Требали бисмо бити мудрији и искуснији
и због тога не треба никада жалити што старимо,
јер многи нису имали привилегију.

Ценимо ли га довољно?

— Хм...

Ценимо сваки
секунд,
тренутак,
као и време које нам је поклоњено рођењем.
Али, упркос многим искушењима
на нашим животним стазама,
од којих је немали број посут трњем, блатом,
и неретко оштрим камењем,
поносно дигнути главу
и наставити корачати крупним корацима,
носећи на плећима лоше,
али више оно добро и вредно, нама битно,
и то баш преко свих ових препрека,
које нам се често чине непремостивим,
а у ствари, нема тога што је немогуће,
сем ако то себи дозволимо,
а то сигурно не желимо.
Пелин пијемо,
некад са задовољством,
чешће зато што морамо.
Али, без обзира на сва могућа искушења,
осмех да нам је широк,
руке раширене према најближима,
тј. онима који нас цене и воле,
а мисли испуњене само позитивним стварима.
Радујмо се
сунцу,
лептиру,
бубамари и
пчели у лету,

јер некада не видимо сву лепоту која нас окружује,
а толико има разлога за оптимизам и радовање.
Нови дан — нови почетак!
Живот је ипак само један!
Ценимо га, јер

— Панта Реи!

ДОБРО СЕ ДОБРИМ ВРАЋА

Увек ради оно што те испуњава,
Али ради добро.
Никако на штету других
Јер карма је чудо.
Увек ти се врати све оно
Што другима чиниш.

Чини добро
Јер је то твоја дужност,
Јер је то део твоје личности.
Ради тако
Да и другима буде добро,
Да и други буду срећни поред тебе.
Чини добро
И када други нису увек праведни према теби.
Добротом се дичи,
Никако пакошћу и злобом,
Јер доброта је део твог племенитог бића.
Некада она буде искоришћена,
Али не посустај у ширењу свега што је добро.
Биће већ оних који ће то препознати
И биће ти захвални,
А ти настави истим путем —

Чини добро, јер
Добро се добрим враћа!

СТАРИМО

Стари само онај
ко није у души млад,
ко нема младалачког начина размишљања.

Године се не броје
сем ако нема ништа друго да се броји.
Славимо рођендане.
И то се радујемо када смо за годину старији.

А зашто не бисмо славили сваки дан?
Зар није срећа пробудити се ујутро и знати
да си жив и здрав?
Зар није рођендан сваки пут када видиш
рађање сунца
и гледаш на небу најлепше боје у сутону?

Сваким даном стариш,
али не стари твој дух,
не старе твоја дивљења,
не старе твоја радовања
новом дану,
новим пролећима,
новим идејама и плановима
и тако, изнова и изнова.
Године су само број и ништа друго.

Стари смо онолико

како се осећамо,
колико енергије имамо,
колико смо у стању другима помоћи,
колико смо срећни и задовољни нашим животима,
без да нас нешто тишти, боли и умара.

Са старошћу долази и више искуства.
Године нас уче да не правимо исте грешке
и знамо и умемо више,
него што смо знали као млађи људи.

Стариш, али и зриш целога живота,
чекаш своје време и пет минута.
Старимо и радујмо се томе
јер многи прерано напусте овај свет
а нису ни осетили чари живота,
нити су доживели најлепше тренутке, уз најмилије.

Привилегија је што старимо и не жали за годинама,
јер многи нису успели у томе.

Старимо,
а духом остајемо племенити и заувек млади.

ПРОЛАЗИ ЧОВЕК, А НЕ ВРЕМЕ

Пролази човек
а не време.
И док то схватимо
живот је остао иза нас.

Време никог није чекало.
Мислимо да ће нас нешто
стално чекати,
а неће.
Никог није чекало
нити ће.

Пролазимо —
попут коња, који ливадама јуре,
попут јата птица у рану јесен,
попут првих празника у рану зиму,
попут топљења снега у рано пролеће,
попут пшенице у рано лето,
попут заласка сунца,
попут најлепшег детињства,
оног безбрижног,
невиног и
радосног.
И само док смо се окренули
живот је оставио своје трагове
на путу смеха, суза, среће,
радости и туге.

Неки су дубљи,
неки једва видљиви,

али свакако обележени
на стазама које воде све нас
до истог циља,
до исте оне станице и луке,
која су наша коначна одредишта.

Ходај и плови, подижући
што већи талас,
да знаш зашто си се родио
и да твој пролазан и кратак живот
има пуног смисла.

Јер,
пролази човек
а не време.

И док то схватимо
живот је остао иза нас.

ХЛАДНО ВРЕМЕ КО И ЉУДИ

Са првим данима пролећа
ретко се виђа снег.
Време је тмурно,
ветровито, а неретко и
кишовито.

Заправо, овакво време
ме подсећа на људе,
јер су хладни исто тако
к'о и ово време.

Хладни су, јер свако води
своју бригу и, притом, никог
не занима твоја.

У ствари, ту су,
али када њима нешто треба.
У њима су немири и душа им је тмурна,
попут ветрова и сивих облака.
Хладноћа их је раздвојила и учаурила.

Да бар отопле са овим пролећем?
Да им душа мирише попут смиља?

Али, не.

Нема их

када падаш.

Нема их
да поделиш успех.
Нема их
када ти је најтеже.

Али су обавезно ту —
када си њима потребан,
када си на врху,
када траже услугу,
када дајеш,
када си им користан.

Изгледа да ће нека пролећа у људима
остати заувек хладна и сива.

ГЛАДНИ ЧОВЕКА

Гладни смо, иако сити,
Гладни смо, али човека.
Затворени и сакривени,
попут каквог бисера у шкољци.

Изгубили смо појам човека.
Шта он заправо представља?
Има ли га на видику,
иако је гомила људи испред тебе?
Да ли су ту када интерес нестане?
Да ли су ту када више не требамо једни друге?

Нестају,
попут сунца у сумраку,
попут месеца у освит зоре.
Нестају,
када им више нисмо потребни,
када су остварили оно што су наумили.
Враћајући се тако лицемерни
у своје љуштуре људске беде и сиротиње,
глумећи бисер,
а, заправо,
од правог бисера и његовог сјаја — ни трага!
Гладни смо, иако смо утолили глад,
Гладни смо, али човека,
оног искреног,
оног чистог срца,

оног племените душе.

Чудна је то глад.

Глад која је увек присутна,
Глад која је све већа,
Глад која никада неће бити утољена
јер је превише бисера лажног сјаја,
затворених у шкољкама егоизма,
и тако затворени остајемо подједнако беда и
гола сиротиња,

Сиротиња, гладна и жедна свега оног
што нас чини човеком!

ТОЛИКО ЉУДИ, А НИГДЕ ЧОВЕКА

Толико људи,
а човека ни на видику.
Можда један или двоје
у читавој гомили.

Вођени интересом,
само видим неке појаве,
мени добро знане,
али и даље не видим човека.
Помислиш, ту је, јер ти приђу,
али видиш да им нешто требаш
и човек ишчезне у трену,
иако га видиш,
иако га знаш.
Знаш га, ал' боље да не знаш.
То је онај из гомиле,
исте оне гомиле вођене интересом,
јер да није тако,
не би ти ни пришао.

Толико људи,
а човека ни на видику.
Можда један или двоје
у читавој гомили.

ИГНОРИШИ

Игнориши и одбаци од себе
све што ти не прија.
Игнориши све оно што није део тебе,
а понајвише глупост, пакост и љубомору.
Игнориши,
јер ћеш се боље осећати.
На игнорисање узврати игнорисањем
јер љубав само на љубав иде,
а где је нема, не можеш је измислити.

Игнориши и одбаци све оне
умишљене,
County доконе,
несрећне и
искомплексиране.
Игнориши их
јер не заслужују твоју пажњу и присуство,
јер ти такви и не требају.

Игнорисањем ћеш више себе
ценити и поштовати,
а твоја енергија се неће залудно трошити
на све оне који, за разлику од тебе,
ни сами не знају ни ко су, ни шта су.
Игнориши и што даље одбаци од себе
све што те гуши и где се не осећаш добро.

ДОБАР НИ СЕБИ НЕ ВАЉА

Добар си,
јер си тако одгојен,
Добар си,
јер желиш добро и другима,
Добар си,
јер не знаш за другачије,
Добар си,
јер не знаш да одбијеш,
Добар си,
док им требаш,
Добар си,
јер те изнова преваре.

Не. Ти ниси добар.
Ти си наиван.

Такав ни себи не можеш помоћи.
Не можеш, јер си потрошио
енергију на небитне и оне
који те не цене,
нити су те икада ценили.
Од тебе узимају оно што њима треба,
а то је твоје знање,
као и оно што никада нећеш вратити — време!

ПОВУЦИ СЕ

Повуци се
када увидиш да више не вреди,
када више нема смисла,
када више нема ефекта.

Повучеш се
да не гледаш пуцањ у празно,
да не слушаш оно што си одавно чуо —
једно те исто,
и тако изнова.
Држиш до себе и повучеш се на време
да не гледаш оно што је већ одавно виђено.

Повлачиш се
не зато јер си слабић, рањени лав,
већ због обавезе према себи
и онима којима си битан,
а за које си неправедно био заузет.

И тако, док се повлачиш,
схватиш колико си времена утрошио
на небитне, теби недостојне.

И зато се повуци
када осетиш да пуцаш у празно,
када схватиш да није вредно!

ЋУТИШ И НАЈВИШЕ КАЖЕШ

Речи и језик су моћни
попут какве бритке сабље,
али ћутањем највише кажеш.
Кажеш и више но што би речима
било шта рекао или описао —
сваку бол,
патњу,
тугу,
разочарење,
а, неретко,
срећу и радост.

Ћутањем,
говориш и не престајеш.

Ћутањем,
док често разговараш
сам са собом,
чују те само они
којима је до тебе стало,
којима си битан,
којима си драг,
који те никада не би напустили,
којима си увек добар,
чак и када си некада био груб
и неправедан према свима њима.

У свом том ћутању,
постајеш немушти беседник,
а твоје ћутање би најрадије
било попут неког
најгласнијег урлика!

УСАМЉЕНИМ

Повучеш се тако
у свој свет,
у свој мир,
у свој свемир.

Прија ти та самоћа
како би се окренуо више себи,
јер си заборавио да постојиш,
јер си заборавио да живиш.
Заточен у четири зида,
гледаш у једну тачку
и у глави слажеш слике.

Прија ти тај мир
јер ти је доста буке и људске празнине.
Прија ти повратак себи
јер си заборавио на живот.

Осамио си се јер си се опекао у друштву оних
који су били недостојни твог присуства.
Та самоћа ти је као мелем
на све оне незацељене душевне ране.

Кроз ту тишину лечиш напаћену душу и
одбацујеш немире због којих ти није било добро.
Само тако се можеш вратити правом путу
и свим оним људима

који те воле баш таквог, какав си.
Поред којих ћеш опет живот заволети.

ЛАЖУ

Лажу,
јер не знају за другачије,
јер не знају за боље,
јер не знају за лепше,
јер не знају за искреније.

Лажу себе, а не нас.

Лажу,
јер су слабићи,
јер су кукавице,
јер су без осећаја и морала.

Лажу,
јер хране свој его,
а који ће једног дана пући
и издувати се,
попут балона.

А падаће
и то у очима оних које су лагали,

а лаж ће се коначно ваљати
у свом сопственом смраду
и нечовештву.

ЈУРЕЋИ ПРАВДУ

Јуриш правду,
глумећи полицајца и судију.
Јуриш је
и скоро да си погинуо у тој јурњави.

Правда често зна да изостаје и
зато исто тако често јуримо за њом.
А понекад изостаје
јер смо донекле и сами криви за то.
Нисмо били довољно упорни или
недовољно способни
да она буде задовољена.
Јуриш је
трошећи живце и енергију.
Јуриш је
и скоро да си успео,
кад оно — нови неуспех.
Јуриш је
кад схватиш да си опет на почетку.

Ако знаш да је правда на твојој страни,
само напред.
Знај да тај пут није лак
и препун је замки
и неочекиваних заседа.

Упорне ништа поколебати неће,

док ће слабији одустати на првој кривини.

Јуриш правду,
глумећи полицајца и судију.
Јуриш је
и скоро да си погинуо у тој јурњави.

ПОСВЕЋЕНО ГОРДИМА

Горди смо.
Сви. Од првог до последњег!

Горди смо.
И признајмо то.
Неко више, неко мање,
али гордост је део нас.
Волимо да терамо по свом
и желимо да је наша последња.
Не желимо критику,
јер смо тврдоглави и
знамо највише,
иако увек није тако.

Где нас одвлачи наша гордост?
Да ли смо спокојнији,
ако смо горди?

Да ли смо
успешнији,
срећнији,
племенитији,
хуманији,
ако смо тврдоглавији?

Превише достојанствени
да не желимо прихватити неку

сурову реалност у којој се нађемо,
без наше воље.

Хвалисавци и свезналице,
чујете ли ме?
Надувани,
самољубиви,
дрчни,
дрски,
умишљени,
охоли,
али и покондирени?

Све вас посматрам
и чудим се,
гледајући
колико нисте све оно,
а шта бисте могли бити.
А могли бисте,
само када бисте хтели,
уз мало труда и добре воље и
нешто среће.
Јер,

Горди смо.
Сви. Од првог до последњег!

ЗАВИСТ

Свима се догоди да завидимо
некоме на нечему.
Једноставно,
то је неславна страна наше личности.
Неко је више, неко мање завидан.

Због чега смо завидни?
Да ли баш морамо да стално упоређујемо
себе са другима?
Да ли морамо потајно да желимо
Оно што други имају, а ми не?

Не морамо,
јер живимо свој живот
Како знамо и умемо.

Не морамо,
јер то што другима треба,
Не значи да је и нама потребно.

Не морамо,
јер ако баш желимо имати то што други имају,
потрудићемо се и остварити наш сан.

Завидношћу се ништа не постиже,
сем да постајемо зли и љубоморни.

ГЛАДНИ ЧОВЕКА

Да ли смо заиста такви?
Не!
Нисмо такви и то понављајмо стално.

Ако већ морамо да завидимо
на нечему,
нека то буде завист ка љубави,
чистој души и великим делима,
и то оним која нас чине највећим!

НА УЗБРДИЦИ

На узбрдици је увек теже и изазовније.
Што се више будеш пењао,
све ћеш мање људи видети.

Не због густих облака и магле,
већ због оних који ће те
покушати зауставити.

Што се више будеш пео
све ће те мање волети,
јер већина не воли
да си бољи,
да си јачи,
да си упорнији и
да си квалитетнији од њих.

Кроз твоје освојене врхове
они виде своје
падове,
неуспехе и
неостварене снове.

Али, потајно ће те ценити и поштовати.
Никада те јавно неће признати.

Упркос изазовима, искушењима
и свим спотицањима,

ти никада не одустај од врха јер, ипак,
на њему дувају најјачи ветрови,
на њему се најтеже опстаје.

На том врху је место
само за најјаче, најсмелије и најупорније!

УМОРАН

Уморан од доказивања
Од свега оног што не вреди доказивати.

Уморан од шибања
Од свих оних који би те бичем најрадије ућутали.

Уморан од спотицања
Од стране оних који би волели да никада не устанеш.

Уморан од лажних обећања
Од свих оних којима никада ниси значио.

Уморан од лажних тапшања по рамену
Од свих оних руку,
које би те најрадије гурнуле у провалију.
Тако уморан, настављам пут
ка циљу,
ка луци,
ка свему ономе где они никада неће стићи,
јер си то себи обећао.

У инат свима њима,
Поносно, јако, никада јаче!

IV

Највеће су унутрашње битке

ПОБЕДИ

Победи
ширином,
као што су широка равничарска поља,
бистрином,
као што је бистра изворска вода,
лепотом,
као што је леп пупољак из ког се рађа нови цвет,
дубином,
као што је дубок најдубљи океан,
енергијом,
као што је енергија најјачих олуја и ветрова,
светлошћу,
попут оној најсјајнијој сунчевој,
храброшћу,
налик оној у лава,
упорношћу,
налик Сизифу,
истином
— јер је она најјаче оружје!

Корачај крупним корацима,
не осврћући се за оним што је прошло и прохујало,
јер циљ никада није био на почетку,
већ на крају пута.

НА РАСКРШЋУ

Стојим на раскршћу путева,
и размишљам — куда наставити?
Знам, даље се мора,
а нема повратка.

Путеви,
те неизвесне животне стазе,
посуте трњем и цвећем —
лажу, али и обећавају.
Уливају наду
у неки нови почетак.
Куда ли ће нас одвести?
Вреди ли доћи до краја пута?
Када би бар знали
који је онај прави?

Ех, тад би све било лакше.
Без брига,
Без ноћних мора,
Без узалудних надања,
Без очаја,
Без лажних очекивања.

Ипак,
бирајмо онај пут који нам
одабере срце.

Слушајмо гласове из дна душе,
слушајмо емоције, а не нагоне,
Слушајмо оне који су ту били
када није било никог другог,
јер они никада не греше.

Водимо се осећајима
и онима у чијим смо животима
и даље важни и до којих је нама стало.

Наставимо због њих,
јер

због њих вреди живети,
због њих вреди умирати.

ТРАЖИМ

Тражим
и верујем да ћу пронаћи.
Тражим само добро,
тражим само позитивно.
Тражим све оно
што нас чини људима и великима.

Тражим
некад можда и превише.

Тражим
зрно наде,
тренутак пажње,
мало љубави,
нешто поверења;
Тражим зрачак топлине и светлости,
попут оне небеске што нам живот даје.

Тражим
и не посустајем у том тражењу.

Тражим,
јер верујем да то постоји.

Тражим
и верујем да ћу пронаћи...

ПРАШТАЈ

Праштај
јер си човек.
Праштај
јер је то божански.

Она „Памти па врати"
никоме није донела
срећу и спокој,
већ је изазвала нове немире.

Сви смо по природи грешни
и као такви се рађамо,
али и умиремо.

Зло не чини и
покажи, колико год да је тешко,
да постоји и друга страна —

она лепша,
она миришљавија,
она светлија,
она мудрија.

Живети са мржњом
и није живот.
Као такви, себи,
а поготово другима,

не можемо помоћи.

Напротив.

Пуни мржње,
будимо најтамнији део личности
који, заправо, и није наше оличје.
Шири љубав и праштај
макар и непријатељима и
онима који те не воле
јер,

Праштањем
ти постајеш већи човек!

Праштањем
ближи си Богу!

(НЕ)НАМЕТЉИВ

Кажу,
у животу боље пролазе
они који се намећу,
који себе стављају у први план,
који само себе гледају.
Другим речима,
прави нарциси и егоисти!

Опет мислим да се и без наметања
може штошта постићи,
а да не газиш преко лешева,
јер, некако, човек си,
на крају крајева.

Можда нећеш експресним возом
стићи до циља,
али ће ти вожња бити много сигурнија и удобнија.

На том путу другима ћеш се наћи на путу,
са дозом презира и страхова од других,
али ће их бити мање,
у односу на ове — наметљиве.

Намећу се
јер би преко реда,
јер не могу да чекају,
јер би што пре до циља,

макар кршећи и правила игре.

На њиховим путевима без правила
нема погледа у страну.
Њихова вожња је пребрза и опасна.
Возе само право —
без осећаја,
без грижe савести,
хладни, попут поларног леда,
врели, попут магме,
опасни, попут какве дивље звери.

Али, ти вози лагано,
смирено,
и на том путу понекад гледај
све стране, а не само право.
Чак и иза себе,
јер је важно имати ослонац и
повољне ветрове
који ти леђима снагу дају.
По потреби,
убрзај,
закочи.

Буди ненаметљив!

РАДОВАЊЕ

Радост осетимо
када се родимо,
и поред туговања и плача,
део је наших стрмовитих путева.

Радост је најважнији део живота
који му даје пун смисао.
Без ње смо празни,
као празан лист хартије.
Мириши на радост,
јер без радости,
нема сунчевог сјаја,
нема месечевог ноћног бдења,
нема места рађању новог живота,
као ни топлине породичног дома.

Без радости нема ни лепих тренутака,
а управо су они ти
којима се радујемо.
Немамо их?
Створимо их.
Нађимо их —
у лептировом лету,
бубамари на цвету,
маслачку у трави.

ПОДЕЛИ СРЕЋУ И РАДОСТ

Каква је то срећа и радост
ако је не поделимо са другима?
Чему то, ако их чувамо само за себе?

Какав је то успех
ако га не славимо са онима које волимо?
Чему то, ако само нама значи?

Каква је то уметност
ако је не покажемо знаним и незнаним?
Чему то, ако је задржавамо само за себе?

Каква је то љубав
ако је не развијамо
и показујемо према целом свету?
Чему то, ако остајемо, као стена, хладни?

Подели радост и срећу
јер они су, колико део тебе,
толико и део оних који су уз тебе били
када нико други био није.

ТРЕНУТАК

Живи за тренутак,
јер се он више не понавља.
Живи за тренутак,
јер се он памти.
Живи за тренутак,
јер он чини живот.
Он нам остаје
у сећању и
и драгим успоменама.

Шта смо без њега?
Шта смо без сећања?

Живот чине ситнице,
а не скупе ствари.
Право богатство је
имати о чему да причамо
нашим вољеним.

Живи за тренутак,
јер се он више не понавља.
Живи за тренутак,
јер се он памти.

БЕЗ ВИЗИЈЕ И ЦИЉА

Без јасне визије и циља
никада неће бити повољних ветрова,
попут оних на отвореном мору или океану,
него ће, напротив,
увек бити присутне олује
које ће ти ломити једра и кормило
док те, коначно, не потопе.

Не дозволи да те олује и торнада сломе,
већ се избори за сигурну и мирну пловидбу,
испуњену најлепшим
погледима,
тренуцима и
ветровима,
који ти крила и снагу дају
како би стигао —

До коначног одредишта,
До коначне луке.

НЕ ПРАВДАЈ СЕ

Не правдај се никоме
јер то ниси дужан,
јер нигде није записано да то мораш чинити.

Ако знаш да радиш праву ствар,
а некоме се то не допада,
то није твој, већ његов или њен проблем.

Ако ти не верују на реч,
разлог више да им се не правдаш.

Зар поверење није основа свих односа?
Темељ сваке емотивне и друге везе?
Ако оно изостане,
обично правдање наступа на сцену.

Кад је обично до тога дошло,
не дај им оно што траже —
твоје правдање!
Дајеш им до знања да те
контролишу,
испитују,
манипулишу тобом,
да сумњају у твоје намере и планове.

Заправо,
такви што траже да им се правдаш,

далеко су од твојих пријатеља, добрих познаника,
и свих оних за шта ти се представљају,
а то заправо нису,
нити су икада били,
нити ће икада бити.
У животу се увек трудимо
да радимо оно што најбоље знамо.

Прихватамо савете и критике,
али не дозволимо било какво правдање
— било коме, било чему!
Недостатак самопоуздања,
самокритичности,
незнања,
па и искуства
доводи до ситуација да се правдамо и објашњавамо
зашто смо нешто урадили или нисмо урадили.

Прихватити добронамерну критику и савет
само од оних који нешто значе у нашим животима.
Бићемо у искушењу, замци,
али без правдања било коме,
посебно ако радиш исправно,
чистог срца и душе.

Не правдај се никоме
јер то ниси дужан!
Јер нигде није записано да то мораш чинити!

НЕ СПУШТАЈ ВРЕДНОСТ

Не спуштај своју вредност
само да би се другима допао,
само да би им угодио.

Ако желе бити уз тебе,
нека прихвате твоје вредности,
нека пораде на својим,
нека се теби прилагоде.

Сувише цениш себе
да би ти вредност пала
зарад небитних,
зарад лошијих,
зарад неупоредивих.
Ниси напорно радио на себи
да би горима од себе давао предност,
да би им био привезак.

Не спуштај своју цену
иако ћеш изгубити неке људе,
иако ћеш им бити трн у оку.

Не брини због тога и остани баш такав.
Твоје вредности
за њих су недокучиве,
за њих су недостижне,
за њих су мисаона именица.

Своје вредности поштуј
јер си крваво дошао до њих,
јер си се борио како би биле твоје оличење.

Често ћеш запасти у разна искушења,
али ти не посустај у држању цене,
јер те баш она чини вреднијим,
јер те она чини бољим од других.

ДОСТОЈАНСТВЕНО

Буди достојанствен,
ма шта год да те снађе
у овоземаљском кратком животу,
испуњеном чемером и медом.

Све је испит —
сваки тренутак,
сваки сусрет,
свака ситуација.
И шта год да се деси
прихвати све достојанствено,
никада не спуштајући поглед,
ма колико други то желели.

Савест да ти је чиста
јер је миран сан оно што ти је потребно
и чему треба тежити,
а само се такав можеш надати добром.
Само достојанствено
јер никада не знамо шта је иза првог ћошка.

Некада иза њега
није често оно што очекујемо.
Никада не плачи,
никада не кукај,
никада не поклекни,
никада не одустај и

само достојанствено и оптимистично
јер си само тако научио,
јер је то теби блиско,
јер је то твоје лице.

Радост и осмеси да те красе
јер ти туга није позната.
Достојанствено и без страха,
јер немаш се чега стидети.

И упамти —

Буди достојанствен,
ма шта год да те снађе,
у пролазном животу,
испуњеном пелином и медом.

ВЕРУЈ У СРЕЋУ

Веруј у срећу,
Јер њој се надамо.
Она постоји и није сан.

Она је ту.
Само се окрени око себе
или погледај ка небу.
Срећу чине ситнице
и можда је на први поглед не примећујеш,
али, она се крије у тим, за тебе неважним стварима —
попут сунчаног дана,
попут маслачака у трави или
пчеле која слеће на цвет.

Срећан си
иако то можда не схваташ,
а толико је разлога за срећу,
и то све оно што не примећујеш
на први поглед,
а што упорно мами неком чудном
лепотом и посебношћу.

Срећан си
јер и даље дишеш и имаш снаге.

Срећан си
јер си потребан вољенима,

а и твој живот без њих нема смисла.

Веруј у срећу,
Јер њој се надамо.
Она постоји и није сан.

Она је ту.
Само се окрени око себе
или погледај ка небу.

ЗАТВОРИ ОЧИ И ВЕРУЈ

Затвори очи и веруј,
Веруј највише у себе.

Затвори очи и веруј —
Веруј у добро,
Веруј у племенито,
Веруј у људско.

Затвори очи и зажели —
Зажели само најбоље за себе,
Зажели само најбоље за вољене,
Зажели и непријатељу
Све оно што себи пожелиш.

Затвори очи и маштај —
Маштај о свему ономе
О чему ниси маштао до сада,
Маштај, можда ти се и оствари.

Буди упоран.

Затвори очи и веруј,
Веруј највише у себе.

Чуда се дешавају!

НЕ ЗАБОРАВИ

Не заборави руке
које су те отхраниле,
које су те подигле.

Не заборави руке
којима није било тешко
да те носе,
да те превијају,
да те воде у школу,
да те учине човеком.

Не заборави руке
које су те највише грлиле,
које су највише суза због тебе обрисале.
Тим рукама никада ништа није било тешко,
Тим рукама си увек био важан.

Не заборави никада те руке,
јер су оне за тебе велике, највеће,
јер то су руке твојих родитеља!

ЧУВАЈМО ТО ДЕТЕ У СЕБИ

Док је детета у нама
остарити никада нећемо.

Док је оно присутно у нашем бићу
маштања никада престати неће.

Невиног срца и душе
то дете нам пружа безбрижност и спокој.

Колико год имали година
не одричимо га се никада!

Док је њега, биће и нас
и зато му се враћајмо стално!

ОДЛАЗЕ

Одлазе многи из наших живота —
неко драг, а неко мање дражи,
неко са поздравом, а неко без њега.
неко са разлогом или без њега.

Колико год био неко део нашег живота,
какву год је улогу имао,
остаје нека чудна празнина.
Најтеже нам падају одласци оних драгих,
који су заузимали посебна места
у нашем срцу и души.
Чим толико недостају
постоји и разлог чиме су то заслужили,
а заслужили су
чистим намерама,
безусловном пажњом, и
јаким карактером.

Да бар толико не недостају,
али недостајање не попушта,
стеже срце и душу,
јер навикли смо на њих и
њихово присуство.
Били су ту
да са нама деле тугу и срећу.

Одлазе,

јер смо ми најмање криви за то,
јер се нисмо питали за то,
јер је судбина тако хтела,
јер је тако морало бити.

Одлазе многи од нас —
неко близак, а неко мање ближи,
неко искрен, а неко ко то никада није ни био.

И зато свима њима само пожели срећан пут,
и мирно море.

НЕ ТРЧИ ЗА ЊИМА

Ко оде од тебе —
не трчи за таквима.
Чим су отишли
знај да им ниси више потребан.

Не спотичи се —
не јури за њима,
јер се они ни окренути неће.
Више им ниси интересантан.

Не зови их,
јер је љубав обострана,
а не једносмерна.
Да си им драг, звали би и они тебе,
а не само ти њих.

Не размишљај о њима,
јер је све речено,
јер су све речи потрошене.

Размишљај о онима
који су ту,
размишљај о неким новима,
који ће ти тек у сусрет ићи,
који ће те волети,
који ће знати
какво биће имају поред себе.

БОРАЦ

Увек има решења
И то онда кад баш мислиш да га нема.
Ту је.
Око тебе.
Треба га само потражити.
Не трчи пред руду.
Стрпљење је мајка.

Можда га само одмах не видимо,
можда га само одмах не препознајемо,
али решења мора бити.
Слаби посустају и падају у очај
и жртве су сопствених немира и несрећа.
Буди борац.
Ниси слабић.
Нема безизлазне ситуације.
Како смо замрсили
тако ћемо и одмрсити.
Полако.
Корак по корак.
Живот је тај који је највреднији,
а са осталим ћемо некако.

Проблеми су део нас
и за сваки од њих има излаза.
И када помислиш да нема даље,
да си сатеран у ћошак,

ти не одустај.

Не одустај
јер можеш наставити пут,
исти онај пут препун трња и камења
јер то највише дугујеш
прво себи, а онда и свима оним
који те воле
баш таквог какав си
јер,
Увек има решења
и то онда кад баш мислиш да га нема.

Ту је.
Око тебе.
Треба га само потражити.

Буди борац!

НЕ ЖАЛИ

Не жали ни за чим
јер је цео живот саткан од лекција,
од испита мудрости и разних изазова.
Оно што је било
више се вратити неће.

Узалуд жалиш.
Толико сваки дан нуди.
Радуј се свему што он са собом носи
и диши пуним плућима.

Не жали,
јер толико је лепоте коју можда не видимо,
да ће сутра можда већ бити пропуштено.

И ако пропустиш,
ти надокнади и не жали.
Можда ће баш сада бити још
лепше, сјајније и јаче.

Не жали и радуј се,
јер то највише дугујеш себи!

V

Размишљања

О СУЈЕТИ

Нема човека или професије где није присутна сујета.
Питање је колико су људи у стању да је контролишу?
Неки су толико отишли далеко
да исту у свом понашању непрестано истичу,
у сваком тренутку,
на сваком месту.
Због чега је то тако?
Да ли су заиста толико квалитетни у свом раду
или је, пак, нешто друго у питању?
Сујету би тешко могли замислити без прикривеног
или јавног омаловажавања других људи
и осећаја супериорности над њима,
претежно кроз јефтине трачеве истомишљеника.
Због тога иста и не може носити ништа лепо,
јер се енергија не троши на прави начин.
При том, ако неко зна да вреди
и да је успешан у свом послу,
чему бављење другима и упоређивање са њима?
Мислим да такве прати увек нека сумња
и дубоки страхови од неког или нечег,
да се не би угрозили неки њихови недостаци,
незнања или људски неквалитети.
У расправи са њима, претежно је једини лек одговор
— У праву си — јер то храни њихов его,
иако нису ни свесни да су они углавном пацијенти,
а ви лекар код кога су дошли на преглед.
Поред тога и игнорисање добро дође.

Дакле, радите увек најбоље оно што знате.

Нико не зна све,
али се увек можемо усавршавати
и делити своја знања са другима,
на један или други начин.
Прихватајте и упутите само добронамерне критике и савете.
Нико није савршен.
Позитивна енергија ће свима пријати
и на крају ће сви бити срећни и задовољни.

О САДАШЊОСТИ

У данашње време
ако кажеш да си добро
или ако си насмејан,
углавном мисле да их
или лажеш
или да са тобом нешто није у реду.
Према томе,
срећа и задовољство
ипак највише од нас зависе
и од наших погледа на живот,
а који нас искушава из дана у дан.
Разлога за незадовољство ће увек бити,
али да ли је смисао живота
само у кукању и љубомори према некоме
ко има нечег више, посебно материјалног?
Духовно и не помињем,
јер ту су одавно људи престали да завиде једни другима.
Какав је то дан иза тебе,
ако не можеш да кажеш о њему више од две реченице?
Зар живот не треба да чине ситнице?
Зар управо оне не треба да нам испуњавају дан
и дају смисао животу?
У свету умиру више гојазни него гладни.
Размишљај позитивно и позитивне ствари ће ти се догодити.
Ради на себи. Све из главе долази.
Често патимо за прошлошћу,
не проживљавајући садашњост, ма каква она била.

Никако да схватимо
да се овај дан и тренутак никада неће више поновити.
Разлог више да ценимо садашњост
и оно што нам доноси сваки нови дан.
Зато уживајмо у њима!

О СТРАХОВИМА

Страхови су одраз немоћи и непознатог
и често су присутни, јер не желимо да им се одупремо.
Они су у нашим главама и ми смо једини кривци
јер дозвољавамо њихово присуство
и одраз у нашем понашању.
Страх се јавља услед недостатка самопоуздања,
а неретко и због незнања.
Дозвољавамо себи да страхови управљају нама,
уместо да их контролишемо,
сведемо на минимум или, чак,
елиминишемо.
Због страхова смо несигурни, узнемирени и уплашени,
јер нисмо спремни да им идемо у сусрет.
Ко нема „путера на глави" нема се чега плашити.
То значи да, ако знаш да радиш исправно
и не на штету других,
нема разлога за било какав страх.
Њима нема места у нашој психи и мозгу
јер ти не дозвољавају да будеш оно што јеси,
спречавају те да испољиш сва она осећања која би иначе
волео да испољиш,
не радећи оно што би највише волео да радиш
или бар не на онакав начин како би то желео.
Једино на тај начин их можемо превазићи,
јер ћемо, у супротном, постати сопствени таоци истих
и бити оно што нисмо.
Управљаће нама на сваком кораку,

а да ли је то оно што желимо?
Наравно да не.
Контрола мисли је нешто
на чему треба константно радити и вежбати.
Брисање одређених граница у глави и едукација
ће умногоме помоћи у елиминисању страхова.
Рад на самопоуздању и личности је од посебне важности
и зато свакодневно радимо на томе.
Подршка породице, пријатеља и свих добронамерних људи
је неизбежна.
Лоша животна искуства су, свакако, најбоља школа
помоћу које ћемо се ослободити страхова,
јер се човек учи док је жив.

О ДРУЖЕЊУ

Људи се све мање друже.
Јаве се по потреби.
Углавном, случајно на улици,
али претежно преко телефона, ако је неки важан датум,
па честитају славу, рођендан, мада је и то све ређе.
Са доласком модерног доба,
дошле су и модерне технологије.
Уместо да нас спајају,
оне све више отуђују људе.
Какав парадокс!
Све је изгубило смисао,
па и телефон, који сада најмање служи
за позивање и слање смс поруке.
Какво је то детињство без кликера, ластиша,
целог дана проведеног са другарима напољу?
Зар је циљ бити затворен у домовима
и пиљити у екран мобилног или лаптоп уређаја?
Често се чује: „Видимо се на Фејсу".
Зар то није суноврат међуљудских односа?
Темпо живота је убрзан,
али не смемо дозволити отуђивање.
Људи су, ипак, социјална бића, која су,
на један или други начин,
упућени једни на друге.

Један необавезан разговор
позитивније делује на психу

него одлазак било ком психијатру,
који вас мање познаје
од неких дугогодишњих пријатеља и познаника.
Душу не треба затварати.
Не гутати све лоше.
Осећаћете се још лошије.
И болест ће се јавити након тога.
Због тога треба више причати и дружити се.
Поделити искуства и учити на истим других око себе.
Живети сам за себе и самоћа,
уз одбацивање људи око себе, је нешто што је последње.
Необавезне теме су и оне најлепше.
Растерећују и ослобађају негативну енергију.
Паметни људи ће увек наћи тему за разговор.

ШТА ТО БЕШЕ ЕМПАТИЈА?

Изгледа је добар део нас заборавио
шта је то емпатија?
Толико смо усредсређени на своје мисли,
бриге, планове, да немамо времена —
за друге људе око нас,
за наше сараднике,
за наше пријатеље,
за нашу родбину.

Гледамо само себи да удовољимо
не гледајући све њих, јер то не желимо,
а не зато што немамо времена или нечег другог.
Сувише смо опчињени својим ликом и делом.
Видимо себе највећима и најбољима
и као такви не дозвољавамо себи тај луксуз
да се ставимо у положај свих оних
који су жељни нас, и то онда када им је у животу најтеже.
Али, не.

Већину нас не занима јер смо
хладни,
охоли,
безосећајни.
У нама нема ништа људско и оно што нас, заправо,
чини човеком.
Попут неке дивље звери која лови беспомоћни плен,
тражимо само да утолимо своју глад,

газећи преко мртвих како би остварили свој циљ.
На том путу друге не примећујемо.
Као да су магла и прашина.
Егоисти смо. Без трунке стида.
Шта ће нам емпатија, када гледамо само себе и своје потребе?
На падове и животне странпутице оних око нас
уопште не обраћамо пажњу.
Зашто би се, побогу, нервирали због свих њих?
Најбитније је да је нама добро
и ту се сва прича завршава.
Чим се нас нешто не дотиче, постајемо
глуви и слепи,
без емоција,
без пажње,
без саосећања.

Да ли постајемо већи,
ако смо ситне душе које живе само за себе?
Да ли смо бољи и квалитетнији,
ако смо сведоци животних падова и ломова
свих оних које, тобоже,
сматрамо драгим и вољеним особама?

Како себе, после свега,
уопште можемо погледати у одразу огледала?
У том одразу видећемо само маске
које неславно стоје на нашем лицу.
А оно наше право и безосећајно, без емпатије,
управо је испод ње.
Стидимо ли се, бар мало, када себе видимо такве?
Можемо ли себе више волети са тим маскама?

Зар није највећа вредност људског бића
да будемо емпатични,
а не лажњаци и дупљаци?

Изгледа да је много конформиста, јер тако ушушкане,
ко сме да узнемирава?
Ко сме да ремети њихов мир, иако је много немира
у њиховом окружењу?
Само кроз емпатију можемо постати већи и бољи.

Не будимо имуни на невоље наших вољених,
јер живот је непредвидив.
Сад си горе — сад си доле.

Буди човек.
Буди величина.
Покажи емпатију у свакој прилици.

О КОРИСТОЉУБЉУ

Људима си највише потребан
онда када имају највише користи од тебе.
Такав однос је постао прилично устаљен у друштвима
и на њему се заснива постојање овог света.
Питање је —
Колико дуго смо спремни бити
у таквим односима?
Колико смо свесни чињенице
да нас неко искориштава?
Шта је то што највише тражимо од других?
До које границе смо спремни ићи у таквим односима
да би остварили наше интересе?
Сви смо, више или мање, користољубиви.

Такође, кључно је питање —
Да ли смо у стању
„прећи преко мртвих"
зарад наших жеља и потреба?
Да ли очекујемо корист од других
за неке наше уступке њима, тј.
Да ли нешто дајемо
јер очекујемо неку корист од других?
Користољубља је увек било и биће га и даље.
Једноставно,
људи неке жеље и планове не могу сами остварити,
па су им потребни други
 — да ли из добре или зле намере, то они најбоље знају.

Користољубље, док не иде на штету једне стране,
може се сматрати прихватљивим.
Све што одскаче од тога је осуђено на пропаст
једне или обе стране.
У користољубивим односима
се мора пронаћи одређена мера.

Ако су обе стране удружене
да би оствариле заједнички циљ,
то је нешто сасвим друго,
јер оне теже истом,
на обострано задовољство.

О ПОЗИТИВНОЈ И НЕГАТИВНОЈ ЕНЕРГИЈИ

Позитивна енергија је ретка.
Она се осети и такви људи се најчешће зближавају
и разумеју боље једни друге.
Позитивне особе, по правилу, сви воле.
Али, врло тешко је такве особе срести.
Богат је онај ко такве има као пријатеље,
јер само они знају шта оне значе у њиховим животима
и у којој мери се могу ослонити на њих,
без икаквих обавеза.
Енергетским вампирима
или особама са негативном енергијом
смо свакодневно окружени и врло лако их је препознати,
јер су стално намрштени,
опчињени сами собом
и зато је најбоље да се удаљимо од њих.
Негативне особе су довољно несрећне,
да не подносе ни себе, а камоли друге.
Чим не могу да доминирају над бољима од себе,
онда гледају како да ове друге
учине што мање вреднима,
не би ли себе уздигли.
На тај начин стварају лажну слику о себи,
која врло брзо избледи,
јер све што је вештачко, неискрено и лажно
мора бити осуђено на неуспех.

О ПРИЈАТЕЉСТВУ

Када ти је неко пријатељ, гледај да си уз њега
у сваком моменту —
у добру и злу,
у жалости и весељу,
у срећи и несрећи,
у сиромаштву и богатству.
Пријатељ ти је као други брат,
можда каткад и важнији од рођеног брата или сестре.
Увек сам их доживљавао као род рођени и делио са њима
лепе и оне друге тренутке
и можда се једно време ни не чујем са њима,
они су ту,
у души,
увек присутни у мислима,
никада заборављени, јер и они добро знају
да поред себе имају особу која је ту, увек за њих.
Они су као најсјајнији и највреднији бисер
који љубоморно чувамо
или су попут какве биљке којој је потребна нега и пажња,
али не таква да било кога оптерећује.
Увек сам се згражавао над онима
који се преко ноћи одричу оних
којима су до јуче поверавали све своје тајне, снове
и, неретко, планове за будућност.
Код таквих пријатељстава никада није ни било,
већ само користи, углавном оне у једном смеру.
Код чистог пријатељског односа

корист је најмање важна
или је сведена на минимум,
и баш због тога,
правих дуговечних пријатељстава готово да и нема
или су врло ретка.
Издаја је нешто најгоре што се може догодити у таквим
односима и тешко се подноси.
Та бол је равна оној боли
када губите неког ближњег свог,
а иза тога остаје празнина и размишљања
— Због чега се то догодило?
— Зашто се морало тако завршити?
Углавном,
као и у свим другим лошим везама и односима,
тражимо праве разлоге и главног кривца за крах,
а кривци су на обе стране
јер је дошло до обостране лоше процене.
Упустили смо се у нешто што нисмо довољно познавали,
али зато смо веровали чистог срца и имали искрене намере.
Зато су права и искрена пријатељства ретка
и као таква одолевају притисцима
и свакодневним искушењима.

Љубав у пријатељству мора бити обострана јер,
у супротном, оно је осуђено на пропаст.

О УСПЕХУ И НЕУСПЕХУ

Успех долази као награда за труд
и, пре свега, веру у себе.
Неуспешни су они који немају циљеве.
Живот је саткан од константног учења,
а циљ је постићи што већи и запаженији успех.
Успех може бити
и ако смо само један дан учинили корисним.
И не само дан — тренутак, сат.
Другим речима,
да можемо да кажемо да нисмо протраћили време
које нам је поклоњено у нашим кратким животима.
Када се роди дете,
успех је када прохода и изговори прве речи.
Оно највише научи до поласка у школу,
тј. до седме године живота,
а остатак живота проживи у надоградњи наученог.
Обично на грешкама учимо,
Али и посматрајући друге
и сагледавајући њихова животна искуства.
Нема рецепта за успех.
Успех долази кроз упорност, истрајност и пожртвованост.
На том путу нам често други
постављају препреке и ко жели да успе,
не сме тако лако да одустане,
иако су искушења велика и озбиљна.
Они који заиста желе, од свог живота
градиће свој пут препун изазова, олуја, заплитања,

јер се успех не прашта тако лако од стране многих,
посебно не од оних људи
који се константно упоређују са вама.
То нас не треба да брине.
Ми градимо наш успех — за себе и за оне које волимо,
а то је, пре свега, наша породица
— најискренији пријатељи и подршка у нашем животу.
У идеалним условима, када смо успешни,
желимо учинити успешнима и људе око себе,
посебно оне драге,
али и све оне који су нама блиски.
Успех не долази без нових знања и позитивног,
често и негативног искуства,
и успешни ће увек иста пренети на друге.
Са друге стране,
неуспех је можда нешто што људе више прати.
Са првом препреком, многи се спотакну,
падну и немају снаге да устану
и поново крену ка свом циљу.
Недовољно ентузијазма, са дозом мањка подршке,
често доводи до неуспеха.
Он је саставни део наших живота.
То је сасвим нормално,
али не треба очајавати.
Хероји су они који се, попут птице Феникс,
поново подигну из пепела.
Такви људи су после пада много јачи и снажнији.
Неуспеха ће увек бити,
али без поновних покушаја,
успех и циљ неће бити видљиви.
Као играчи у свакодневним животним ситуацијама,

не смемо посустати.
Морамо имати јасан план и пут којим идемо.
Сви успешни људи су у једном тренутку имали
пад или више њих
и после њих се усправили и храбро наставили до циља.
Колико год нас други спутавали,
желећи нам неуспех и пад,
слушајмо своје срце и поруке наших најближих,
који нас, ипак, најбоље и познају.

Запамтите,
бићемо успешни,
само ако то заиста желимо,
а неуспешни ако нисмо довољно мотивисани,
без ентузијазма,
слушајући све око себе,
а најмање оне који су уз нас и у добру и злу,
а то је породица и пар добрих и искрених пријатеља.

Вера у себе је пола успеха!

СМИСАО ЖИВОТА НИСУ НОВАЦ И МАТЕРИЈАЛНЕ СТВАРИ

Није све у новцу и материјалном.
Новац је ту —
да измиримо рачуне,
да купимо нешто хране,
да купимо гардеробу,
а већ имамо шта носити,
да купујемо оно што већ имамо
или оно што нам заиста не треба.
И то задовољство је кратког даха.
Толико прекратко,
да што више новца имамо,
то смо незадовољнији и несрећнији.
Увек нам је мало и
увек нам нешто недостаје.
Стално размишљамо —
Шта следеће купити?
У шта уложити новац?
Само материјално.
Читав живот нам прође
у тој врсти размишљања,
губећи највреднији део нас — душу!
А, да ли можемо другачије?
Да ли је живот све оно
што нема везе с новцем?
Може ли то бити
неки креативни рад,

помоћ другима,
рад на међуљудским односима,
породичној клими?
Рад на духовној страни наше личности?

Колико смо, заправо, томе посвећени?
Да ли баш свуда новац мора бити присутан
или, каткад, можемо бити срећни и задовољни,
чак и без њега?
Дозволимо ли да нама управља
увек ћемо бити
несрећни,
незадовољни,
исфрустрирани,
искомплексирани,
јер чешће га недовољно имамо,
у односу на то колико истог би нам
заиста требало,
за све наше незасите материјалне жеље,
од којих већина то само и остану.
Треба бити реалан према себи и другима
и поставити приоритете,
а они, свакако, не смеју бити
везани искључиво за новац
и све оно материјално што са собом доноси.

Зато тражимо смисао живота —
у лепом дану,
тренутку,
осмеху, упућеном драгим и вољеним људима,
као и свему ономе што се новцем не може купити!

ЗАШТО СМО ВОЛЕЛИ БАЛАШЕВИЋА?

Са смрћу Ђорђа Балашевића почетком 2021. године,
простор ex-Југославија је изгубио много,
како у погледу музике,
тако и у сваком другом смислу,
јер је био један од симбола
заједничког живота народа са Балкана.
Али, оно што је најважније, био је миротворац завађених
страна, након рата.
Моралну и људску величину смо пратили још од 70-их
година 20. века и то кроз музичку групу Рани Мраз,
а касније и кроз кантауторски рад,
памтећи већ тада запажене хитове,
попут мени омиљених песама —
„Неки нови клинци",
„Живот је море",
„Божа звани Пуб",
„Драго ми је због мог старог",
„Не ломите ми багрење",
„Словенска",
„Девојка са чардаш ногама" и многе друге.
Кроз сваки његов текст,
обогаћеног прелепим мелодијама,
могао се свако од нас пронаћи.
Неки су се радовали, неки туговали,
док је већина, по први пут, исказивала љубав.
Другим речима, нико није био равнодушан.

Човек који је био добродошао од Вардара до Триглава.
Без ијдене мрље у свом стваралачком раду.
Његова величина се посебно видела 1998. године,
када је први одржао послератни концерт у Сарајеву
и то баш онда када су му многи саветовали да не иде,
уз објашњење да је то велики ризик,
на шта се Ђоле само насмејао и рекао да,
ако су Сарајлије биле на мети неколико година,
може и он пар дана бити нечија мета.
Наравно да се није плашио
и у тој одлуци је био више него озбиљан.
Цео тај концерт,
поред тога што је био распродат у рекордном периоду,
био је пун емоција,
а Сарајлије су, кроз сузе, са њим певали
његове највеће хитове — од прве до последње песме.

Дубоко сам убеђен
да само квалитетни људи воле Балашевића,
а они други га, додуше у мањини, нису волели.
Нису га волели јер нису желели
да чују истину на коју је Ђоле константно подсећао.
Био је више од певача.
Више као пријатељ свих нас
и то у моментима када нам је свима било тешко.
Само га је, преко његове музике, требало потражити.
И ту је био.

Његовим одласком на неко лепше место,
отишао је и део наше младости и успомена.
Његовим одласком,

отишао је наш пријатељ и борац,
попут Сервантесовог Дон Кихота.
Чини ми се да је дан, када сам чуо да је умро,
био један од најтужнијих дана у мом животу.
У ту част, као у добра стара времена,
пустио сам лонгплејку Раног Мраза и слушао је то вече.
Били смо сви поносни што смо одрасли уз његове стихове
и њега, као највећег, поред највећих!

Хвала ти, Ђоле, на свим лепим песмама!
Хвала ти што смо сви живели
у твом времену и стваралаштву!
Радо ћемо га се сећати и са истим жаром ћемо и даље
слушати његове предивне песме.

Почивај у миру!

VI

Херцеговина у срцу

ТАМО

Тамо гдје су
најљепши крш,
зелене ријеке и
плодна поља,

Тамо гдје су планине и брда прави украси,

Тамо гдје најљепши и најукуснији шипак расте,
зри најбоља смоква,
а из самог камена рађа лоза,
гдје мирисно смиље погледом очарава,
под оним сунцем, које баш ту највише пече,
али и живот и снагу даје,

Тамо гдје су написани најљепши стихови,
гдје су шадрвани, цркве, катедрале, џамије,
Еминини ибрици, богате цвјетне баште,
али и најтоплије кише, сњегови и људи,

Тамо је Херцеговина!

МОСТАРСКИ ДУЋАНИ

Родиш се, тако,
у најљепшем граду,
и не зажалиш ни мало због тога.

У граду најљепших дућана,
гдје свака улица, парче калдрме и асфалта
прича своју причу.
У граду гдје цвјетају најљепше руже и бехар,
а смоква и шипак неумољиво маме погледом.

С времена на вријеме,
враћам се том родном граду.
Истом оном граду у ком су рођени
велики пјесници и спортисти,
у граду гдје су најљепше жене.

Сваки сусрет са родном грудом
је емотиван и лијеп,
јер откријеш и задивиш се новим,
непредвидивим и неочекиваним.
Обавезно се вратим „старом"
и, по ко зна који пут,
задивим се његовом љепотом,
а која никада није ни блиједила.

Вратиш се оном кујунџилуку, авенији,
Шантићевој, па на крају, и Рондоу.

ГЛАДНИ ЧОВЕКА

Какав је, такав је.
Твој је.
Одеш из њега,
али га никада не напустиш,
никада га не заборавиш.
Не заборавиш га, јер немаш право на то!
То је твој град,
иако сада у њему расту неки други,
али, готово сигурно, бољи клинци,
који ће му вратити све оно што га је некада красило
и по чему је био посебан,
а то је — мостарски дух!
И зато волим да и сада
прошетам мостарским улицама,
гледајући све те најљепше жене и дућане.
И док шетам,
размишљам какав је био
и какав би тек могао бити —
још љепши,
још бољи,
са душом,
јер је то мој град!

То је мој Мостар!

ИВО ТОРБИЦА

ТАМО ГДЈЕ СУ ТИ КОРИЈЕНИ

Тамо гдје су ти коријени
тамо сунце љепше сија,
трава је зеленија,
ваздух је чистији,
а око срца посебна топлина.

Дио си родног краја,
истог оног у ком си
прве кораке начинио и
прве ријечи изговорио.
Без коријена:
Шта смо?
Ко смо?
Гдје смо?
Без њих смо
изгубљени у вртлогу времена,
морално сиромашни,
у души празни.
Гола сиротиња!
Ако не знаш одакле су ти
ђеди и пређеди,
бабе и прабабе,
као да се никада ниси ни родио.
Буди увјерен да ће те
таквог и рођено дијете
већ сутра заборавити.
Без коријена

ни биљци нема живота,
а камоли човјеку.
Зар живјети са празнином,
не спознавши ко су ти преци?
Она иста крв од које си настао
и у шта си израстао?
Зар живјети са тугом
јер никада ниси обишао
родну груду
и гробове предака?
Зар је то живот?
Зар је то суштина истог?
И да је највећи крш,
пуста долина,
богата равница,
обала плавог мора,
то је твој дом,
ту су твоји коријени.
Буди поносан на њих
јер,
Тамо гдје су ти коријени
тамо сунце љепше сија,
трава је зеленија,
ваздух је чистији,
а око срца посебна топлина.

ОПРОШТАЈ ОД РОДНОГ ГРАДА

Тог хладног јануарског јутра
још се осећала празнична атмосфера.
Нова година се тек прославила уз богату трпезу,
као што је увек и бивало у нашем дому.
Живиш и даље нормалним животом,
посматрајући свет око себе кроз очи детета,
дечака од непуних једанаест година.
Шта дете зна у тим годинама?
А знало је и осећало.

Породица на окупу.
Свако са својим бригама и потребама.
Та зима, тај јануар 1992. и није била зима.
У најтоплијем граду у Југославији,
деловала је више као нека касна јесен или рано пролеће.
Све је и даље мирисало на спокој и безбрижност
и то онакву какву свако дете осећа и дожви.
Слушаш на телевизији о несрећама и рату у деловима земље
и мислиш да се то неће никада догодити твом граду.
У стану са осмог спрата, из дневне собе,
посматраш нека окупљања људи испред твоје зграде
и то претежно у вечерњим сатима.
Не знаш о чему причају, али ту су. Нешто није добро.
Неке, додуше, препознаш, а неке не.
Гледаш и неке демонстрације, које су све учесталије.
У једном моменту схватиш да твој град губи
онај мир, спокој, препознатљиви дух

и да ситуација није добра.
Спремају се неки немири.
И када све то видиш и постанеш свестан ситуације,
и изнова се понадаш како ће све доћи на своје место
и да ће живот кренути нормалним током.

Школске обавезе су ту
и полако креће друго полугодиште у мом четвртом,
а у братовљевом седмом разреду.
Најстарији брат и даље студира.
Родитељи, к'о родитељи. Забринути.
Нису ни они сигурни куда све ово води.
Крећем тако у школу
и није прошло пар дана, родитељи нас исписују из школе.
Схватио сам — ово је крај!
Изгледа да ћу морати напустити свој родни град,
остављајући у њему скоро једанаест година живота,
најбоље пријатеље,
другаре и учитељицу,
родбину,
своје најлепше успомене,
сачуване у очима обичног детета.
Све се брзо одигравало.
Чини ми се да је све трајало један дан.
Не стигавши да се поздравим
са свима онима које сам највише волео,
брзински ми пакују ствари.
Знам да је тог дана отац имао дуг разговор са стрицем
и договарао наш привремени долазак код њега.

Наредног дана,

мајка, брат и ја се поздрављамо са оцем.
И даље је радио.
Са сузама у очима на обе стране,
поздрављамо се уз, наравно,
обећање са његове стране
да ћемо се ускоро видети.
Сели смо у ауто и упутили се ка аеродрому.
Тог дана је било суво, али изразито тмурно време.
Тмурно, попут нашег расположења и осећања.
У граду се није могло видети много саобраћаја,
као ни људи.
Излазећи из града, сећам се да сам се са задњег седишта
стално окретао за оцем,
а који је и даље стајао на тротоару и махао ка нама.
На аеродрому нас је чекао теретни хеликоптер.
Никада се до тада нисам возио истим.
Било је страха од непознатог.
Ушавши у хеликоптер са мајком и братом,
није прошло много, исти се подигао и упутио ка источној
страни града, видевши изблиза Фортицу,
а коју сам свакодневно гледао из даљине
и то из свог стана.
Чудна, али лепа слика.
Очи су опет пуне суза, а осећања су помешана.
Као што сам се окретао у оном аутомобилу,
то исто се догодило и у хеликоптеру, који је ужасно брујао,
толико да нисмо могли причати.
И тако, гледајући кроз малени прозор војног теретног
хеликоптера родни град,
који је сваке секунде постајао све мањи,
док није потпуно ишчезао иза брда

која су остајала иза нас,
јасно ми је било да се у њега више нећу вратити,
иако је постојао зрачак наде.
Јасно је било да сам се тог дана опростио од свог града,
поневши са собом све оно што ми је пружио
за мојих непуних једанаест година,
а пружио је само најлепше,
пружио је само најбоље.

И након скоро тридесет година од овог догађаја,
желим да се опростим од њега како доликује и заслужује.

Хвала ти, граде, на свему!

VII

У равници

РАВНИЦА

Дођох тако у равницу,
Где се жуто жито сеје,
Ту заволех земљу црницу,
У њој снег јаче веје.

Волим сва та родна поља,
Лепе њиве узоране,
Можда су и нека боља,
Ал' за ова немам мане.

Народ вредан, воли шале,
Немају туге какве,
У амбаре слажу бале,
Има ли још лепоте такве?

Волим Банат и та села равна,
У двориштима старе стаје,
Као некад, у времена давна,
Ова лепота не престаје.

У БАНАТУ

Откад знам за себе, увек сам долазио деди и баби.
У ту Војводину.
Мој Банат.
У моју равницу.
Углавном је то било за време летњег распуста,
где сам остајао по цело лето.

Као дете из града, све ми је било занимљиво
— од домаћих животиња,
па до њива на којима се брали кукурузи,
који смо касније истоварали у бабин и дедин амбар.
Сеоска банатска идила.
Сећам се дединих коња,
а који су нас на кочијама водили до ближњих њива,
носећи ручкове и воду за наше копаче.
Сећам се и једне румунске свадбе
када сам имао само седам година.
Трајала је три дана и то је оно што ми се посебно допало.
Другог дана свадбе, ни мање — ни више,
једна свадбена кочија је дошла по мене, тј. по дете,
од тек наврешних седам година.
Каква част! То никада нећу заборавити.
Увек ми је та равница била фасцинантна,
јер тога није било у крајевима из којих сам долазио.
Нема брда, планина, нити реке,
Али то није умањило лепоту мог Баната.
Напротив.

Равница са собом носи неку посебну лепоту и енергију.
Али, оно што је било заједничко са мојим крајем,
је та мултиетничност.
Увек сам волео и, на крају крајева, поштовао различитости.
Такви крајеви могу бити само богатији.
У таквој банатској равници и данас живим.
Бабе и деде одавно нема.
Остала су сећања на њих,
али, ту су сви моји вољени —
од породице, пријатеља, сарадника и драгих познаника.
Та војвођанска равница и даље плени лепотом.
Можда сада и лепшом.
Сваким даном откријем неки нови природни бисер,
почевши од нетакнуте природе у Девојачком бунару,
па до манастира у околини Вршца
или белоцркванских језера,
па све до нових места и људи који живе у њима.
Волим старе бунаре, који су украс мог места.
Волим стари млин поред пута.
Волим све оно што краси моје место,
Посебно добре и поштене људе,
а са којима делим добро и лоше.
Сутон у мојој равници је налик некој слици
и најлепши је призор који се у њој може видети.

И зато ова равница,
као и грумен земље и зрно песка,
остају део мене —

Док год постојим,

Док год дишем,
Док год о томе пишем.

VII

Писма (посвете)

ГЛАДНИ ЧОВЕКА

ПОСВЕЋЕНО МОЈОЈ УЧИТЕЉИЦИ

Септембар, 1988. године. Узбуђеност пред полазак у први разред. Велика је то ствар. Један од најстаријих у својој генерацији. Сав одважан и поносан, стојим са мајком и братом у холу школе и чекам прозивање. И дошао је тај тренутак. Прозивају се ђаци и, напослетку, чујем нежан, и у исто време, одлучан глас: „Иво Торбица, 1-2, учитељица Зејна Цигић". Нема те среће којом би се могао описати тај свечани тренутак који је за свако дете један од најбитнијих у животу, јер добијаш учитељицу коју си прижељкивао. Чуо само најбоље критике и мишљења других о њој. Разред мултиетнички, а не зна се да ли су бољи родитељи или ђаци. Сви као један. То је слика Мостара пре рата. Учитељица, у то време, последњих година њеног радног стажа, имала је стрпљења за сваког од својих, скоро 40 ђака, не правећи никада разлике међу њима, било које врсте. Једна од жена којима сам се посебно дивио и осећао страхопоштовање. Чак и данас, са својих 38 година.

Не знам да ли сам био део њене последње генерације или једна од последњих, али свакако сам припадао више него специфичној. То је генерација коју су раздвојила ратна дешавања 1992. године. Међу првима сам напустио одељење, не зато што сам желео, већ зато што сам морао, и то одмах на почетку другог полугодишта те школске 1991/1992. године, променивши притом државу, околину, школу и одељење.

Не. Није ме заборавила учитељица ни у тим моментима, као ни моји школски другари. Ускоро, свега пар месеци касније, стиже ми писмо са поздравима од ње, као и од преосталих другара, са жељом да у новој школи завршим што боље четврти разред, а речи подршке су биле проткане у сваком слову у том писму. Оно је стигло у памучној торби, на којој су уткана слова мог имена и презимена (вероватно на часу ликовне културе или слободних активности, у паузама између сирена за опасност), препуна слаткиша које су, верујем, доносили моји другари у школу, а на иницијативу драге учитељице. То је био посебан гест, који никада нећу заборавити. Писмо и поменуту торбу нисам, нажалост, сачувао, јер сам се доста селио тих година, променивши до 15. године још две школе, два града и две средине, иако је постојала жеља са обе стране да се вратим у прву, званично шесту Основну школу „14. фебруар" у граду Мостару.

Али, тако је — како је. Живот је то. Никада не знате где ће вас одвести. Тој жени, мојој драгој учитељици, могу захвалити што ми је уградила темеље за наставак школовања и што ме је, поред породице, научила поштењу, одговорности, вредноћи и свим осталим животним вредностима. Негде је и усмерила мој живот, јер сам и сам завршио факултет и постао учитељ, као и она. Имао сам годинама жељу да је поново видим и то се догодило у јуну 2010. године, током мог одмора. Не само да ме је препознала, већ ме је подсетила на неке детаље којих се више ни ја нисам сећао. Чак је имала израђену и једну моју слику, а коју је чувала у роковнику где су биле моје оцене из четвртог разреда. Није била баш најбољег физичког здравља, али ментално, то је била иста она особа као у септембру 1988. када сам је први пут видео и имао част да будем њен ђак. Иста она жена која ме је за време летовања 1990. године у Грацу у Хрватској, водила код доктора на превијање колена, које сам непосредно пре одласка на море повредио због пада са бицикла. Била је ту свима за све. Подсетили смо се на том сусрету из 2010. године многих ситуација, осврнули на ратна дешавања и све тешке тренутке кроз које смо прошли, а посебно свако са својом породицом.

Постао сам и пријатељ са њеним сином који је препознао моје огромно поштовање према својој мајци. Захваљујући њему пратио сам њено здравствено стање и редовно јој преносио искрене поздраве. И сада, у њеним здравствено не баш сјајним тренуцима, желим да зна да није заборављена, нити ће то икада бити, а верујем да ће тако бити и у мислима свих њених ученика које је описменила, научила прве бројке и слова — стрпљиво, са пуно љубави.

Зато се молимо сви за њено здравље, јер велики људи то заслужују!

Мојој незаборављеној учитељици,
Њен ученик, Иво Торбица

Епилог

Нажалост, свега неколико дана, пошто је прочитала писмо једног од њених ученика, након краће болести, престало је куцати срце наше драге и никад заборављене учитељице, Зејне Цигић. Једно је сигурно, а то је да је оставила дубок траг у срцима и душама сваког свог ђака, а који је, готово са сигурношћу, никада неће заборавити. Научила нас је много, а највише да будемо добри и квалитетни људи. Сада нам остаје сећање на ову дивну жену, мајку, баку, просветног радника и, пре свега, великог борца до последњег дана свог живота.

Њени поносни и вечно захвални ученици
јануар, 2020.

ГЛАДНИ ЧОВЕКА

ПОСВЕЋЕНО ВЕЛИКОЈ И НЕЗАБОРАВЉЕНОЈ СОЊИ

Септембар, 1996. године. Средња школа. У новој средини, са новим познанствима и професорима. Све је ново. На часу сам једног од омиљених предмета. За катедром је жена, оштрог погледа, неке чудне али, свакако, позитивне енергије, са јасним ставом и поносним држањем.

Као и сваки нови професор, желела се упознати са својом новом генерацијом — својим новим ђацима. Са њима ће провести наредне четири године. Устајали смо редом, па тако је дошао и ред на мене. По акценту је схватила да сам из Херцеговине, а то јој је било лако, пошто је и она родом из тих крајева. Каква случајност! Баш у јужном Банату? Помислих: „Шта ти је живот! Колико је само непредвидив!" Лагао бих када бих рекао да ми није било драго због тога. Разлог више због чега сам волео тај предмет и ту жену, тада већ у 50-им годинама живота.

У тој средњој школи је важила за најстрожу, али и омиљену и квалитетну професорку. Била је професорка „старог кова". Никада није каснила на час, у настави је била предана, а часови обојени најлепшим бојама и мелодијама. Одмах, на почетку прве године, као и код свих претходних генерација, тражила нам је да, поред свега што нам је било потребно за њен предмет, набавимо и „Буцка". На часу је настао тајац.

Запитали смо се: „Шта је Буцко?" А то је, у ствари, била опширнија Граматика српскога језика, која је личила баш на неку добро угојену животињу. Кренули смо да се смејемо, али смо га морали набавити и често носити у школу. Буцка и дан-данас чувам и кад год га видим, сетим се моје професорке, жене црвене и кратке косе, њеног оштрог, али у исто време и благог, мајчинског погледа. Чини ми се да је гледала на своје ђаке као на своју рођену децу, не одвајавши никог, али је зато ценила знање и била љута попут дивље звери, посебно на оне који су слабије знали.

Сећам се, сваке недеље смо имали да научимо напамет по једну или више песама. Сматрала је да на тај начин развијамо концентрацију и вежбамо памћење. Прави педагог. Највише сам волео епску поезију. Мада, лирска ми је подједнако била интересантна. Једном смо имали да научимо „Бановић Страхињу". Била је нешто дужа, човек стварно да се помучи да је научи или „Претпразничко вече" од Алексе Шантића. Након првих рецитовања, одмах ме је ангажовала за рецитатора од којег се очекивало да буде на висини задатка, посебно за Дан школе.

Тог априла 1997. године рецитовао сам „Мостарске кише" од мог Мостарца, Пере Зупца. Случајно или намерно, више се ни не сећам, али знам да сам је тако одрецитовао да ме је хтела загрлити и пољубити од задовољства када ју је чула. Та Светлана, те кише, ти зуби... Толико емоција у рецитовању. И дан данас се радо присетим припрема за сваку школску приредбу, а под надзором моје омиљене професорке.

Била је захтевна, можда и превише, али тек након двадесет и кусур година схватам да је то било за добро свих нас. Сигурно је у неком моменту свима значило то што смо дан и ноћ читали песме, приповетке, а посебно романе од чак три тома. Чини ми се да никад више нисам читао, колико у тој мојој средњој школи. Али, читао сам их са задовољством. Увек нам је говорила да записујемо оно најбитније. Да обратимо пажњу на то и то. Писмени задаци су нам били претежно у вези са тим романима, иако је било и слободних тема које су обично представљале аутогол, а знамо шта то значи. Инсистирала је на лектири и граматици и није дозвољавала опуштања ни у једном тренутку.

Када сам уписао факултет, додатно сам схватио колико су, заправо, њени часови били темељ наставку школовања — од „Буцка" до Толстоја, Достојевског, Шолохова, Андрића и других. За љубав према књизи и читању могу бити захвалан њој — мојој и нашој Соњи.

Данас је већ увелико у пензији, али никада заборављена, јер квалитетни људи су увек у драгом сећању и успоменама. Захвалан сам јој на свему, а верујем и све њене генерације, јер нас је научила много чему, а не само граматици, правопису и обавезној лектири.

Хвала јој на свим саветима, од којих сам упамтио да у животу ништа није мед и млеко и да упорни побеђују!

Хвала јој на мајчинском односу према свим ђацима!

Хвала јој на томе јер смо писмени и начитани!

И зато, у име свих ђака, од свег срца јој желим још много лепих тренутака и година живота, испуњених радошћу и оптимизмом!

Да осмех никада не скида са лица. Исти онај осмех од пре неколико деценија када смо је први пут видели, заволели и као такву је памтимо.

Посвећено
драгој професорици српског језика и књижевности,
нашој Соњи Дадић

Њен поносни ученик, Иво Торбица
и захвалне генерације ученика
март, 2021.

ДРУГИ О АУТОРУ

Љубав увек побеђује, као и добра књига

Када се роди нова књига, небо над Србијом постаје плавље. Ево, небо је сада плавље и над Србијом и над Мостаром и над Банатом. Плави се цео свет. Родила се нова књига! Иде Иво Торбица са торбицом својих песама. Радујем се што имам могућност и част да књигу препоручим читаоцима. Ово је прва књига младог аутора. Зато је моја радост још већа. Први је корак најтежи (зато неки никад ништа и не започињу), први, али и најважнији. Сада, када је успешно крочио у свет књижевности, не бринемо за даље корачање овог просветног радника и књижевног ствараоца.

Уопште није свеједно ком васпитачу или учитељу поверавамо радознали ум детета. Урош Петровић, писац за децу, чије књиге радо читају и одрасли, и човек за кога су учење и игра две стране једне исте медаље, поручује: „Уважавајте и подржавајте васпитаче и учитеље. Они утиру најважније стазе!" Култура читања није нешто што се намеће; она се развија и негује, а ако желимо да дете израсте у здравог и доброг човека, научимо га да воли књигу. А ко то боље може од учитеља, који још и књиге пише?!

Васпитавајући и образујући децу, просветари држе кључеве будућности свих нас. Све ово је важно рећи када говоримо о књизи коју држимо у руци. Очигледно је да је аутор просветни радник. Његове стихове слободно можемо исписати као плакате и украсити учионице. Или дрвореде. Са њих ће деца и одрасли читати велике мудрости, чути праве животне савете, видети путоказе до среће.

Највеће су унутрашње битке, наслов је једног поглавља.

Уколико тражимо кључне речи ових стихова, биле би то: ЉУБАВ, ДОБРОТА, СРЕЋА, па опет ДОБРОТА, ЧОВЕЧНОСТ... И сам наслов књиге то потврђује:

ЉУБАВ УВЕК ПОБЕЂУЈЕ!
*Љубав увек побеђује
јер без ње, не би нас било.*

Последње странице књиге су сећања на учитеље и професоре који су обележили одрастање и сазревање аутора. Одужио им се топлим надахнутим причама о њима и тиме потврдио наше мисли о важности просветног радника у детињству сваког детета.

Не, ово није књига за децу. Ово је књига за свакога. Да нас подсети, опомене, саветује.

*Ради тако
Да и другима буде добро,
Да и други буду срећни поред тебе.*

Аутор је искрен, па понекад та искреност набора и наше чело.

*Толико људи,
а човека ни на видику.*

У уводном слову аутор објашњава разлоге зашто пише своју прву књигу.

Писана реч и добра књига су ме увек интересовали и због тога сам пожелео имати своју.

Велика је храброст читаоцу подарити срце на папиру.

Поклањам ти своје искрене мисли, животна запажања и искуства, а било их је много у мом животу. Преко прозе и текстова сам покушао указати на све оно што је људима заједничко и специфично — од љубави до мржње, од правог до лажног, од туге до радости итд.

Наравно. То је један од великих циљева писања. Иначе, било би беспредметно то чинити. Битан је дијалог са замишљеним читаоцем, са којим се размењује искуство, откривају лепоте и тајне живота.

И сам аутор се у једној песми пита:

*Каква је то уметност
ако је не покажемо знаним и незнаним?
Чему то, ако је задржавамо само за себе?*

Торбица нас подсећа да

*Живети са мржњом
и није живот.*

И још додаје — када клонемо, да се брзо дигнемо!

*И зато,
после пада, буди
усправна, попут брезе,
лековита, попут жалфије,
лепа, попут најлепше руже у врту,
сјајна, као звезда Даница.*

ДРУГИ О АУТОРУ

Ето, на основу само неколико цитата схватамо да је стил ових стихова врло једноставан, разумљив, зато нам је и дражи. Песник се не крије иза звучних метафора, мистичних симбола. Конкретан је и прецизан. Мудар. То не значи да у књизи нема поетских слика. Има, има! Ово су песме у прози. Нема римовања, стих је слободан, али нас одушеве слике којима нас аутор изненада дарује.

Пролазимо,
попут коња, који ливадама јуре,
попут јата птица у рану јесен,
попут првих празника у рану зиму,
попут топљења снега у рано пролеће,
попут пшенице у рано лето
попут заласка сунца,
попут најлепшег детињства,
оног безбрижног,
невиног и
радосног.

У завршном делу књиге су прозни текстови, писма посвете. Аутор нас води до свог родног Мостара, па онда у Банат... Живот је чудо. Разноси нас као маслачке.

Родиш се, тако,
у најлепшем граду,
и не зажалиш ни мало због тога.
У граду најлепших дућана,
гдје свака улица, парче калдрме и асфалта
прича своју причу.
У граду гдје цвјетају најлепше руже и бехар,

*а смоква и шипак неумољиво маме погледом.
С времена на вријеме,
враћам се том родном граду.
Истом оном граду у ком су рођени
велики пјесници и спортисти,
у граду гдје су најљепше жене.*

Али, са истим поетским жаром аутор воли и свој нови крај:

*Сутон у мојој равници је налик некој слици
И најлепши су призори који се у њој могу видети.
И зато ова равница, као и грумен земље и зрно песка,
Остају део мене,
Док год постојим,
Док год дишем,
Док год пишем о њој.*

Иво се сећа и доласка у нову средину и сусрета са новом професорком: „Случајно или намерно, више се ни не сећам, али знам да сам је тако одрецитовао да ме је хтела загрлити и пољубити од задовољства када ју је чула. Та Светлана, те кише, ти зуби... Толико емоција у рецитовању. И дан данас се радо присетим припрема за сваку школску приредбу, а под надзором моје омиљене професорке."

Посебно скрећем пажњу просветним радницима да управо из ове књиге могу пронаћи песме за рецитовање. Аутор још чува ту жицу лепог казивања. Песме везе природним током, занимљивом градацијом, ефектним крајем, па су му стихови идеални за рецитаторе. Морамо признати, најчешће су ово мисаоне песме, али то су лирски медаљони и казати их треба смислено, мајсторски. Изазов за рецитаторе.

Вели Иво на почетку: „Ово је моја прва књига и писана је чистог срца и душе. Надам се да неће бити и последња, јер још много тога имам да кажем."

Наравно да и ми, као и Иво Торбица, очекујемо нове књиге из његове торбице. Осећамо да он има још много тога да нам каже. На основу ове, прве, закључујемо да ИМА и УМЕ да нам каже. Са нестрпљењем чекамо то. А овом првенцу желимо срећан пут у руке читалаца.

„Љубав се поклања и узвраћа!", каже аутор. А књига се чита и дарује.

У Кочану, на југу Србије, на Ђурђевдан 2021.
Власта Н. Ценић

ДРУГИ О АУТОРУ

Такви људи се ретко рађају

Такви људи се ретко рађају — мултиталентовани, вредни, истрајни, са много поштовања према другима, као и према самом себи, својим талентима и стиховима. Све што пожели да уради, Иво то ради са пуно љубави, поноса, пажње и достојанства.

Иако је ово његова прва књига песама, написана је са пуно ентузијазма, где се јасно виде позитиван став и жеље за животом, лепим и свим оним што је вредно. Ова књига је вредна пажње читаоца, јер је написана из дубине душе и срца, како би се што више допала истима, који ће се, готово сигурно, пронаћи у Ивиним стиховима. Сигурно ће пожелети да је поново прочитају сви они који су срећни и весели, као и они који су тужни, несрећни и љути. Свима нама, и млађима и старијима, Иво нам кроз своје стихове шаље понеку поруку коју треба разумети, поштовати или је прихватити као савет.

Драги колега Иво,
Нека ти ова твоја прва књига песама буде полазна тачка за мотивацију, даљи рад и успех. Људима су потребни стихови, поготово овакви испреплетени са пуно боја, шароликости и љубави, а који су у стању да пробуде и најдубља људска осећања.

Желим ти пуно успеха у даљем раду и писању песама и нека се број књига ниже до бесконачности, као што се шире сунчеви зраци кроз универзум.

мр Илуца Панчован, проф.

БИОГРАФИЈА

Иво Торбица рођен је 1981. године у Мостару. Студирао је и завршио Учитељски факултет у Београду 2005, као и Факултет за инжењерски менаџмент 2020. године.

Живи у Владимировцу и запослен је као професор у Основној школи „Први мај". Воли писање и тренутно ради на новом роману и збирци песама.

САДРЖАЈ

Љубав је велика сила..........2

ГЛАДНИ ЧОВЕКА

Љубав покреће свет..........5
Кад ми дођеш ти........15
Панта Реи........27
Највеће су унутрашње битке........59
Размишљања........91
Херцеговина у срцу......117
У равници......129
Писма (посвете)......135

ДРУГИ О АУТОРУ......145
БИОГРАФИЈА......155

Иво Торбица
ГЛАДНИ ЧОВЕКА

Лондон, 2023

Издавач
Globland Books
27 Old Gloucester Street
London, WC1N 3AX
United Kingdom
www.globlandbooks.com
info@globlandbooks.com

Насловна фотографија
Martina Fuksova
(https://pixabay.com/photos/dandelion-sun-sunset-country-516631/)